AF607023
AVERSO

SUS MEJORES POEMAS

María Monvel

Número 28 de la Colección **AVERSO POESÍA**

Sus mejores poemas

Edición al cuidado de Averso Poesía
www.aversopoesia.com

hola@aversopoesia.com

Primera edición: abril de 2024
ISBN: 978-84-10027-25-1
Depósito Legal: GR 502-2024

Impreso en España - *Printed in Spain*

El papel utilizado para la impresión de este libro está calificado como papel ecológico y procede de bosques gestionados de manera sostenible.

SUS MEJORES POEMAS

MARÍA MONVEL

PRÓLOGO

María Monvel

El desierto de flores magenta

La editora encargada de esta obra titulada *Sus mejores poemas* (1934) es la propia María Monvel. Nacida bajo el nombre de Ercilia Brito Letelier, el 16 de abril de 1899[1] en la ciudad costera de Iquique, Chile, al oeste del desierto de Atacama, María Monvel fue poeta, narradora, columnista y traductora de sonetos de Shakespeare y de la obra de Paul Gerald. Procedía de una acomodada familia de una tierra de prosperidad. Desde muy joven sintió gran interés por la música y la literatura, pronto empezó a publicar sus primeros poemas en las revistas y diarios que circulaban por su provincia. Gabriela Mistral llegó a catalogarla *«la mejor poetisa de Chile»,* por llegar a considerarla *«próxima a Alfonsina Storni por la riqueza del temperamento y a Juana de Ibarbourou por su espontaneidad»*[2]. En 1917, con tan solo dieciocho años, sus poemas fueron antologados en la *célebre recopilación de poesía chilena Selva lírica,* junto con autores de la talla de Pedro Prado o Vicente Huidobro, *donde se describe a la autora como una muchacha*

---

1. Memoria chilena (2023). *María Monvel: Sus mejores poemas.* Biblioteca Nacional de Chile.

2. Paredes Barraza, Micaela (2021). Historia de una dicha extraviada. En María Monvel, *La dicha tiene fin. Antología poética.* Universidad de Valparaíso.

de fervor artístico saturado y de cristiana sentimentalidad. En 1918 publica su primer libro, *Remansos del ensueño,* cuyos versos oscilan entre diez y doce sílabas. Una dulce conciencia poética adorna este poemario de mujer adolescente. Se encuentra repleto de imágenes de su infancia, la iglesia, los árboles y la nostalgia. *Después de la ruptura de su primer matrimonio* con Nicolás Vallejos, decide mudarse a Santiago y desde allí dirigir la popular revista *Para Todos,* de la editorial Zig-Zag. Se sabe que su posicionamiento social le permitiría integrarse en la élite cultural e intelectual. Conocería al escritor, periodista y crítico literario Armando Donoso, con quien contrajo segundas nupcias y tuvo dos hijos.

En 1922 publica su segunda obra, *Fue así,* definida por Juana de Ibarbourou como «consagratoria». La musicalidad, lo erótico y la pérdida del amor otorgan a esta obra madurez: «Me pesaba su nombre como un grillo de hierro, / me pesaba su nombre como férrea cadena». Durante estos años la autora no parece seguir las corrientes modernistas que auspiciaban nuevos paradigmas, crea su propio estilo y no anhela mayor pretensión que la delicada fuerza lírica. La crítica de la época se refería a la obra de María Monvel con los términos de «frescura», «sencillez» y «feminidad», vinculando vida y obra de forma ineludible. La necesidad de manifestar, de dar voz al día a día, subyace en los poemas de María Monvel.

En 1925 la editorial Cervantes publica en Barcelona una breve colección titulada *Las mejores poesías de los mejores poetas*[3], que posicionará a María Monvel en el panorama internacional. En 1926, años más tarde de que viera la luz su primer cuento, *La japonesita,* la autora publicará una segunda obra en prosa, *El marido gringo,* que consta de dos relatos breves y que hablará de forma sarcástica de la idiosincrasia de Latinoamérica. En 1929, María Monvel impulsará la crucial antología *Poetisas de América*, en la que aparece junto a Delmira Agustini, Alfonsina Storni y Juana de Ibarbourou, entre otras autoras. En el preludio que Gabriela Mistral dedica a la obra de María Monvel se refiere a ella como una mujer madura, pero que a la vez juega como un niño con frívolos asuntos. De la compilación se resaltan los siguientes extractos del poema *L' Invitation a la morte*: «Ya estamos más cerca, avancemos. / No huyamos su contacto frío, / ni por rehuirle clamemos: / son suyos tu cuerpo y el mío».

El último libro de la autora publicado en vida, *Sus mejores poemas*, en 1934, muestra el compromiso de la poeta con su obra. En su faceta de maestra de sí misma, recopila y data personalmente los poemas de su trayectoria e incluye algunos inéditos. La obra ilustra tres etapas de la vida de María Monvel: poemas de juventud, de maternidad y de búsqueda de identidad. En los poemas de juventud se aprecia una inquietud por descubrir desde la ternura: «¡Bésale bien y más! / ¡los labios bellos tienen / derecho de besar!»; a la vez

3. Martínez Gómez, Juana (2005). Chilenos en Madrid: María Monvel, Francisco Contreras y Armando Donoso. *Anales de literatura chilena, 6,* 43-62. Universidad Complutense de Madrid.

que asistimos a sus primeros desencantos amorosos: «Tu sol no puede florecer mis rosas: / se ha helado mi rosal... / Ya no podrán tus labios sonrosarme / los lirios muertos de la faz» [A pesar]. En sus poemas de maternidad María Monvel no idealiza la crianza, relucen su fatiga y desazón bajo una luna eterna: «Se acrecientan las ojeras / de la madrecita pálida / y su palidez se torna, / más grave y atormentada» [Llanto]. Sin lugar a duda, el poema *Mi hija juega en el jardín* encandila a todo aquel que siente la trágica visión de la poeta ante lo efímero, así como su conciencia del presente como lugar mágico donde habitar: «Mi hija juega en el jardín / y yo la miro quieta y triste, / triste de tanta dicha, triste / porque la dicha tiene fin». Junto a este poema también cabe destacar *Madrigal de mujer* y *La mujer que adoptó un hijo,* ambos por su sarcasmo lírico, musicalidad e ingenio. Los últimos seis poemas correspondientes a la búsqueda de la identidad, escritos a partir de 1929 en adelante, están conjugados con cuidadosas metáforas: *Versos de amor, Invitación al viaje interior, Casino, Balada a don Juan* y *Una balada de Goethe.*

Los últimos años de la vida de María Monvel, fueron oscuros, su delicado estado de salud y la repentina muerte de su querida Laura, por quien sentía gran afecto y cariño, la sumergieron en una profunda depresión que agravó su delicado estado de salud. En septiembre de 1936, la vida de María Monvel se apagó en la ciudad de Santiago de Chile y naufragó por siempre en «aquel barco que se marchaba lejos». Armando Donoso recopiló sus *Últimos poemas* y la obra fue publicada en 1937[4], un año después de su muerte, en los que herida y angustiada se preguntaba en insondable soledad: «¿Dónde se fue mi vida?».

Ocultada por la historia, María Monvel es ensalzada como uno de los mayores exponentes de la literatura hispanoamericana del s. XX. Fue retratada por la crítica de la época como una mujer débil y frágil, algo muy alejado de la realidad, ya que en ella siempre hubo ardua voluntad. El hechizo de su obra reside en la facilidad de articular un lenguaje brillante y hostil. Su poesía es el espejismo de las horas, de la amargura y del azar. Sus palabras quiebran como cristal al llegar el alba, pero en ellas siempre hay desiertos de flores magenta.

Cristina Court

---

4. Zaldívar Ovalle, María Inés (2022). *Poesía y prosa María Monvel*. Ediciones Universidad Católica de Chile.

SUS MEJORES POEMAS

María Monvel

Me pesaba su nombre

Me pesaba su nombre como un grillo de hierro,
me pesaba su nombre como férrea cadena,
me pesaba su nombre como un fardo en los hombros,
como atada a mi cuello me pesara una piedra.

Ya no está junto al mío la injuria de su nombre,
y... ¡me pesa!

Me pesaba su amor ambicioso y mezquino,
me pesaba su amor de deseo y de queja,
me pesaba su amor, que más que amor fue odio,
su dignidad abrupta que más era soberbia.

Ya no tengo su amor, su dignidad, su odio,
y... ¡me pesa!

Me pesaban sus celos pendientes de mis gestos,
me pesaban sus celos candentes de tragedia,
me pesaban sus celos adustos, implacables,
envolviendo mi cuerpo con obscura sospecha...

Ya no tengo sus celos, su sospecha, su injuria,
y ¡Dios mío! me pesa...

Pensamientos de otoño

I

Inquietud de otoño,
soledad de los parques,
tristeza de las cosas,
languidez de los árboles,

cielos de esmaltes grises...
Otoño, oro y blancura,
¡tu sol es blanco y frío
como la luna!...

Nacen en ti los vientos,
hijos son del Ogro,
y roban a los parques
sus tapices de oro.

Otoño pensativo
otoño de la tierra,
¡para mí has sido, otoño,
la primavera!

II

De jugar cansadita
a la madre te acercas,
juntando a mis mejillas
tus mejillas de seda.

Mi inquieto amor te atrae,
mi inquieto amor te besa...
¿Eres mi primer hijo
o mi última muñeca?

¿No tienes frío, dime?
El Otoño comienza...
¡Que te importa el otoño
si soy tu primavera!

¿Que te importa que el viento
silbe iracundo afuera?
¡Otoño es de los niños
que tienen madre muerta!

Juguetes

Oso de piel paciente
que la diviertes tanto
con tus grandes orejas
y tus flácidas piernas de trapo,
eres su predilecto,
su juguetito amado.

Se ríe cuando puede tirarte contra el suelo,
y en tu gruesa barriguita
vibra gozoso el sonajero...
¡Porque la haces dichosa,
tanto como ella yo te quiero!

Ya saben dar besitos dulcísimos sus labios,
y su boquita oprime
tus mejillas de trapo...
¡Por eso yo te beso
donde ella tantas veces te ha besado!

No entendió

No entendió mi cariño,
que era un amor de madre
y era un amor de niño.

No entendió mi ambición,
que si le hurtaba el cuerpo
le daba el corazón.

No entendió mi locura
que le abrazó las manos
sedienta de ternura.

No entendió mi martirio:
buscar, buscar un alma
con singular delirio.

No comprendió mi amor:
diamante bien pulido
con llamas de dolor.

¡No me comprendió nunca!
Y así fue como entonces
quedó mi vida trunca...

Cuando busqué sus labios,
me mordieron sus dientes
infiriéndome agravios.

Cuando busqué sus ojos,
me hirieron sus miradas
como dos dardos rojos.

Cuando busqué su pecho,
me asaltó su deseo
como huracán deshecho...

No me entendió... Partimos
por sendas diferentes
y... ¡ni adiós nos dijimos!...

Retrato de ella

Retrato de ella,
que me acompañas sin mirarme,
que me acaricias sin hablarme,
retrato de ella...

Sobre mi mesa estás
en su actitud, gracia infinita,
como una rubia margarita
sobre mi mesa estás.

Dulce dulzura mía
ensimismada en su delirio,
pálida y triste como un lirio,
dulce dulzura mía.

De tu inquietud, de tu locura,
toda mi vida está pendiente,
labios cerrados y dolientes,
ojos transidos de ternura...

Retrato de ella...
Ella se marcha, tú, ¡jamás!
Tú siempre me acompañará,
retrato de ella...

Y para amarte así

Nunca ya un tal amor incendiará mi vida,
para quererte así me declaro vencida.

Cual racimo exprimido en un vaso de arcilla,
así en la suya ruin mi alma pura y sencilla

dejó su jugo dulce... ¿Qué podré darte ya de cándido,
de nuevo, de virginal?... Está

mi corazón marchito, ¡marchito!... Ve a buscar
una novicia ingenua en el arte de amar.

El no era digno, es cierto, pero entonces la vida
no me había enseñado que puede ser fingida

la exaltación más loca de amor, mentira vil,
la querella más dulce y el beso más gentil...

Hoy, lo sé todo. Acaso yo también he fingido
y mis ojos, mi boca, mi sonrisa han mentido.

Alguna vez, quién sabe si una lágrima ardiente
me hizo, siendo culpable, pasar por inocente.

Sé el registro total de mi voz, porque pueda ser,
a mi voluntad, amable, dulce o queda...

Tú eres muy grande y noble, y él era infame y necio,
a ti te admiro tanto como a él le desprecio,
pero no hay dos amores iguales en la vida,
y para amarte así, ¡me declaro vencida!

A pesar

Hay en tus labios un acento puro
de amor y de verdad.
Tal vez como me quieres, nunca nadie
me ha querido jamás:
pero a pesar de todo, aquí en el pecho
mi corazón inquieto está.

Hay en tu mano al estrechar la mía
un no sé qué de dulce y de leal
que es como una caricia y un amparo:
algo de amor con algo de piedad.
pero a pesar de todo, aquí en el pecho.
mi corazón inquieto está.

Tus ojos en mis ojos se han posado
llenos de ensueño y humildad,
pero los ojos míos no se alegran…
¡están tan habituados a llorar!
y aquí en mi pecho, el corazón inquieto
a pesar mío está.

Tu sol no puede florecer mis rosas:
se ha helado mi rosal...
Ya no podrán tus labios sonrosarme
los lirios muertos de la faz.
La vida toda me anegó en acíbar...
Tu amor no me valdrá,
porque a pesar de todo, aquí en el pecho,
mi corazón inquieto… inquieto está.

Llanto

Sobre el almohadón mullido
su palidez es tan pálida,
que la rosa de sus labios
parece una rosa blanca.

La recién nacida llora
con llanto que turba el alma...
¡Llanto de recién nacida,
pena obscura, queja larga,
inconciencia del dolor
en un alma que aún no es alma!

Se acrecientan las ojeras
de la madrecita pálida
y su palidez se torna,
más grave y atormentada.

Llanto de recién nacida,
calla, calla, calla, calla...
Llanto que su pecho fino
atraviesas como espada,
¡están llenando sus ojos
con el agua de sus lágrimas!

Grito tenaz, que parece
como si la reprocharas,
grito de recién nacida,
calla, calla, calla, calla...

Veinte años nada más

Veinte años, nada más…
y un alma inquieta y dulce
y un corazón sin par.

Veinte años, nada más…
Roja sangre en los labios,
blanca nieve en la faz.

Veinte años, nada más…
Carnes de nardo, finas,
ojos verdes de mar.

Veinte años, nada más,
¿y hay quién, muchacha hermosa,
osa te condenar?

¡Bésale bien y más!
¡Los labios bellos tienen
derecho de besar!

Renovación

Amor único mío,
de mi vida, amor bueno,
que haces de nuevo cándida mi alma,
mi cuerpo virgen y mis labios nuevos.

Maravillosa esponja
de mis dolientes desengaños, fueron,
buen amor, el dulzor de tus palabras,
piadoso amor, la esencia de tus besos.

Milagro de milagros.
que logras el renuevo
en el cristal obscuro de mis ojos
y en los claros cristales de mi pecho.

Fanal que alumbraste
el perdido sendero
cuando más extraviada mi amargura
huía del dolor y hallaba el tedio.

Busqué con afán tanto,
que encontré al fin mi premio,
mi buen amor, que transformaste en soles
las taciturnas sombras de mis duelos...

De mi vida, amor último
de mi alma, amor primero,
me apego a tu dulzura,

en tus brazos me estrecho,
y así no tengo miedo de la vida,
¡así no tengo miedo!

Miedo

Llegó hasta el fondo mismo lívido de la muerte
y cuando abrió los ojos a la vida de nuevo,
a su lado dormía, ¡milagro de milagros!
su vidita de flor entre nevados lienzos.

Las entrañas exhaustas, la madre estaba blanca,
como la cera blanca, mas la miró sonriendo
con un enorme asombro que era dicha en los ojos,
y en los pálidos labios un temblor que era miedo…

El último amor

El roce invisible de mi amor perdido,
buscó los caminos de su corazón,
y para escucharle se tendió su oído…
¡Y así fue el milagro de mi último amor!

Amor que ha florido milagrosamente
con cerco de espinas y vicisitud,
con raíz de llantos y desencantos
y es óptimo fruto de mi juventud.

En su dulce boca de artista y de santo,
lo exprimiré todo para su gozar.
Para bien amarle, he amado antes tanto
y canté antes para saberle cantar.

Porque quedé ciega de mis desalientos,
me he quedado en éxtasis, muda de fervor
con los luminares de sus pensamientos
en el joyel áureo de su corazón.

Cien amores pesan en mi desventura,
cien amores para dudar del amor,
y hoy le siento y canto, hoy me abrasa y canto
estos los poemas del último amor…

Tutankamén

Alteza de tiempos pretéritos
pretéritos como el no ser.
Majestad serenísima
que viviste en un lejano ayer
tan fantásticamente lejano
que también parece no ser.

Faraón jovenzuelo
torturado por el poder,
¿cuántos tormentos dispusiste en tus horas de tedio,
infante, por frágil, más cruel?

Faraón jovenzuelo,
una noche, una sola en mi vida
te amé...

En tu oscuro palacio
donde 1os tétricos hachones
tornaban tétrica y más espiritual tu palidez...
Tenias las plantas apoyadas
en el escabel
de un miserable esclavo, joven
como tú, joven el también,
de un esclavo hecho un ovillo de rencores
humillado bajo tu pie.
Adolescente, ojos de llama,
altivo faraón con manos de mujer...
Tenias dulce el beso
serenísimo rey,

y acre la mordedura de tus dientes de luna
en la herida sensual de tu boca de miel...

Faraón de inaudita leyenda,
¡príncipe mío!.... ¡Rey!
en toda tu inverosímil existencia,
en todo tu oscuro palacio llameante
de hachones, en tu esclava mis bella y más fiel,
en todo tu dilatado imperio,
jovenzuelo abrumado por máximo poder:
en toda tu colección de filtros mágicos,
en todas tus brujas reales,
en tu corte de sabios, Tutankamén,
no conociste seguramente nunca
un beso como el mío, aquel
que me diste y te di una noche,
fantástico,
serenísimo,
¡príncipe
Tutankamén!

Había olvidado el amor

Había olvidado el amor.
En mis recuerdos era un leño
que al arder, difundía suave calor.
Era un vino agridulce
mucho más sutil que embriagador.
Un máximo embeleso
y un dolor
más hipócrita goce que dolor.
¡Sé demasiado bien ahora
que había olvidado el amor!

Ya lo tengo presente
dentro de mí. Clava en mi corazón
sus garfios y en mi lengua
se traban el dolor y el terror.
¡Oh, Dios mío, cuánto había olvidado el amor!

Tengo hiel en los labios
y su quemadura es atroz.
Es un leño encendido
que al arder, arde en desesperación.
Se enturbian mis pupilas,
en mis labios secos se apaga la voz,
un cascabeleo de locura
me hace girar en derredor...
Caigo herida de muerte...
¿Quién logrará mi salvación?

En el frío de tu sonrisa

En el frío de tu sonrisa
no quedaba ya resplandor...
¡pero aun la carne se me eriza
cuando pienso en aquel amor!

Veinte años apenas los míos.
¡Pudiste haberme dado el ser!
¡Tú eras crepúsculo sombrío
y yo era un claro amanecer!

En ti no había ya memoria
de la pasada juventud.
Tu último sueño era la gloria
para después del ataúd.

La nieve a blanquear comenzaba
en tu sien, ¿por eso te amé?...
y en una larga arruga surcaba
las frías manos que adoré.

Llegué yo —mariposa loca—
¿Qué había en ti, qué había en ti
que se prendieron en tu boca
mis labios frescos de rubí?

¿Con quién hiciste pacto, viejo,
que te adoró mi juventud
y aun te añoro, con un dejo
de inmensa y triste laxitud?

¿Con quién hiciste pacto, para
que nunca te olvidara bien
y aún soñara, aun soñara
en tu infierno, desde mi edén?

Tú no eres nada. Eres el recuerdo,
él es el que no muere en mí
y es cuando en mí misma me pierdo
¡cuando estoy más cerca de ti!

Cuerda de las dos manos finas
que el trabajo ni el sol doró
y que llenaron de espinas
el inocente corazón...

Tú no me importas. Te hallo viejo.
Te vi hoy pasar y me reí.
¡Ni una huella queda, ni un dejo
del amor porque padecí!

Pero el Chopin que amabas tanto,
culpable de esta evocación,
hoy me tiene ciega de llanto
viviendo la misma pasión.

¡Cómo odio con amor inmenso
el recuerdo que vive en mí,
y sobre todo cuando pienso
en la juventud que te di!

Niño

Pedacito de carne rubia
con hebras de sol en el rostro.
Carrillos sonrosados como frutas,
pequeños pies inútiles que adoro.
Cuerpecito encendido de besos,
manecitas con menudos hoyos,
átomo azul caído entre mis manos
y que bebo a besos sonoros.
Maravilla otorgada a mi vida,
única que colma mi asombro,
niño que crece entre mis brazos
como un astro frente a mi rostro...
¡No sabía que hubiera en mis entrañas
sol, resplandor y oro!

La mujer que adoptó un hijo

Mujer frívola y rica, has adoptado un hijo.
Tu dinero ha comprado cuantas cosas deseó,
pero no quieres nada mujer frívola y rica,
¡nada! más que aquel hijo que te negara Dios.

Has hecho buena obra. El dinero de sobra
en el hijo adoptado lo gastarás mejor.
Lo elegiste hermoso para sus trajes ricos,
para que armonizara dentro de tu esplendor.

Después de tantos años de vida vana y hueca,
¿por qué adoptar un hijo? ¿Sentiste el sinsabor,
el vacío insufrible, la aridez tenebrosa
que la mujer sin hijos lleva en el corazón?

Dios me perdone, *madre*, mi pensamiento ingrato
cuando vas con *tu hijo*, siento angustia y rubor,
el rubor y la angustia de la mentira cierta.
Cuando te llaman *madre* digo: *profanación*.

Siento piedad del niño que llevas a tu vera,
piedad por su elegancia y piedad por tu amor,
y me lleno de lágrimas interiores y oscuras
porque teniendo madre nunca la conoció.

Juguete de tu oro, juguete nuevo y lindo,
juguete de quien tantos juguetes destrozó,
inocencia confiada que va diciendo ¡madre!
te estrechará llorando sobre mi corazón.

Mi hija juega en el jardín

Mi hija juega en el jardín
y yo la miro quieta y triste,
triste de tanta dicha, triste
porque la dicha tiene fin.

Viene corriendo y se va luego
y me da un beso o una flor.
Su voz musita a vez un ruego,
a vez un mimo encantador.

Es la más linda de las flores,
en ella están dicha o dolor...
¿Qué han sido todos mis amores
comparados con este amor?

No pienso en destinos amargos
ni en que las cosas tienen fin,
pero quisiera largos, largos
estos momentos del jardín.

Hotel

Casa de todos
o casa de muchos.
Cada cuarto es una familia,
una costumbre a veces,
a veces una nación distinta.

Mal simula una casa
la pared fría y enemiga
y las camas donde no hay sueño
ni reposo para la fatiga.

Todo lo tenemos, las mantas,
las mesas, las sillas.

Si llamamos, vienen a nos
servidumbres solícitas
y si abrimos los blancos grifos
mana acariciadora y blanda
el agua tibia.

Espejos, editores múltiples,
después de muchos otros nuestros rostros editan,
y el ropero ofrece fugaz albergue
a nuestros abrigos y chalinas.
Todo está presto, y nos demuestra
una especie de hipócrita alegría
que ya dio antes a otros
como una prostituta sabia en mentiras.

Odiamos el hotel con sus luces varias
en la alcoba poblada de sombras idas.
Hace frío en la pieza cerrada
y en el lecho es áspero el hilo que cobija.
Aborrecemos al viandante
que dejó esa mancha en la cortina,
y como si fuese de resorte
nos rechaza el sillón con su tela amarilla.

No agradecemos su aderezo
ni en acogernos bien, su prisa,
y nos marchamos justamente
cuando empezábamos a ser amigos,
¡amigos de toda la vida!

Te vas

Te vas.
Esta vez no he logrado hacerme amar.

Te vas.
Con tu antorcha de cabellos rubios,
te vas...

Te vas.
En un largo camino,
dormido en los brazos del mar.

Te vas,
y me llevas contigo
sin saber, sin querer... ¡por fatalidad!

Te vas...
Mis labios se quedan inertes
de mi deseo de besar.

Te vas.
No aprendió en ti mi espíritu
más que el dolor de amar.

Te vas.
No logré asirte.
Tendí los brazos sin lograr...

Te vas.
Mi espíritu incauto
se arrojó en vano en tu profundidad.

Tus olas le agitaron,
pero es océano insondable
tu mar...

Te vas.
De rodillas me quedo
y rezo, aunque no sé rezar,
por la boca que no fue mía,
por la imposibilidad eterna,
por mi perpetuo sollozar.

Te vas.
Yo no hago ningún ruido.
Estoy pálida, quieta,
aguardando el instante, no más...

¡Te vas!
¡Quién pudiera prenderse en tus ojos
como a un horizonte de eternidad!
¡Quién pudiera seguirte en el barro
al que vuelves espíritu, luz y verdad!

Te vas...
Mujer, en desesperado sollozo
digo de mi debilidad.

Te vas...
¡Maldigo la gracia doliente
que no consiguió hacerme amar!

Te vas...

Interior

Suman penas mis nostalgias.
Hace frío, llueve, hay viento.
La vida plena en mi alma
y el corazón descontento.

Lograda en puño nervioso
la felicidad sostengo.
Mis hijos ríen en coro...
y el corazón descontento.

De toda la dicha grande,
nada se fue entre mis dedos,
pero se escapó una brizna
y el corazón descontento.

Por una brizna tan solo,
por una brizna, padezco,
y con juventud y amores
el corazón descontento.

Chisporrotea la llama,
la llama que es mi elemento.
Nunca ha quemado mi piel...
y el corazón descontento.

Los dedos que mis mayores
hilo en la rueca tejieron
maltratan el corazón,
el corazón descontento.

Los dedos ociosos, y,
como fragua el pensamiento.
¡Oh rueca de mis mayores!
¡Oh corazón descontento!

Tejeré largos tus hilos
con mis aguzados dedos
y ataré mi corazón,
mi corazón descontento...

Deseo

Deseo,
tortura indescriptible,
¡o te mato o me muero!

Deseo...
¡No te logro arrancar
ni del tormento de mi sueño!

¡Soy toda tuya, toda tuya
y del demonio poseída,
deseo,
te entrego mi espíritu indefenso!

Mi clamor delirante
atraviesa el silencio.
Inmóvil, de pie en tu corriente
me arrastras hendiendo mis esfuerzos.
El peso de tu garra

se me clava en el pecho
y en el rostro, como una mancha de ónix
tu risotada de desprecio.

Deseo de la estrella filante
que dejó como un polvo de oro en mis dedos,
del agua clara de la fuente
que hizo la sed en mi desierto...

Deseo,
¡te mato yo o me muero!

Un cuartito de hotel

Un cuartito de hotel, lindo y desconocido:
horizontes azules, focos esmerilados
en donde entramos juntos, absortos y turbados
por el fiero imposible que habíamos vencido.

Él me besó en la boca. Yo le entregué rendido
el cuerpo frágil, dulce, de niño extenuado...
¡Oh, reposo indecible después de lo pasado!
¡Oh, delicia inefable después de lo sufrido!

Yo no sentí rubor de mi carne desnuda.
Me ahogaba la dicha como una mano ruda
y el cristal de mis ojos se enturbiaba de llanto,

mientras él, de rodillas, con sus besos furtivos
abrazaba el marfil de mis pies sensitivos
con la fiebre ardorosa de su boca de santo.

Berceuse

Duerme. Tus juguetes se durmieron ya.
Si la niña duerme, dormirá mamá.
Y, ¡pobre mamá! ¡bien lo necesita!
¡Se doblan los brazos de la mamaíta!
y aunque eres en mi alma un montón de luna,
te mezo, te mezo tierna y fatigada...
¡Duerme, mientras llenas de luna mi almohada
y vuelves contigo de plata la cuna!

Duerme, que después, ¿dormirás tan quieta
como duermes entre mis brazos sujeta?
¿Dormirás tan dulce, tan hondo dormida
como ahora duermes al seno prendida?
¡Duerme mientras puedas! Más tarde, bien mío,
te dará el amor vivo escalofrío,
te desvelará con sus inquietudes
y terrible guerra dará a tus virtudes.
El Deseo en llamas quemará tu lengua
y la desazón te infligirá mengua
y del desengaño la desilusión
hará nido muelle de tu corazón.

¡Duerme mientras puedas! ¡Arrorró, mi vida!
¡Qué dicha mirarte, dormida, dormida!
Más tarde, después, arruga primera
darás desazón a la más hechicera.
La primera cana te dará tortura
y te oprimirá como soga dura
y el sueño, arrorró, no vendrá jamás...
Duerme, que después ya no dormirás.

Duerme, que más tarde tus bracitos breves
serán cuna de otros fardos así leves,
y cuando tus ojos se cierren cansados
has de abrirlos luego, grandes y asustados
porque tu bebé te despertará
como tú despiertas ahora a mamá.

Duerme, que también yo quiero dormir.

¡Mis brazos son frágiles para resistir!
Y te dejaré caer, pobrecita,
en aquel rincón con la muñequita,
entre tus juguetes, gatos y corderos,
¡gloria la de tus amores primeros!
Y desde un rincón el toro vendrá
y en castigo, fuerte, fuerte, ¡mugirá!
Comerá muñeca, comerá niñita,
llorará solita, ¡pobre mamaíta!...

Se durmió. La acuesto. Su cuerpo en la cuna,
fulge leve, como si fuera de luna.

Magdalena

Magdalena frágil de ahora,
ojos de sol y cabellos de aurora,

toda encendida en loca pasión
de nervios, no de corazón.

Rubia y extraña Magdalena,
blanca como una luna llena,

que persigues tanto el amor
que te negó Nuestro Señor...

Magdalena loca y febril,
agudos dientes de marfil...

Como al demonio: «¡No amarás!»
—te dijo— y no amarás jamás.

Magdalena de la risa loca,
masca cenizas, cenizas tu boca.

Boca que no sabe del beso
todo renunciación y embeleso,

nunca derramaste la Esencia
con sublime magnificencia,

ni enjugaste sus pies ungidos
con tus cabellos extendidos,

¡ni le seguiste, ardiente y fuerte,
hasta la muerte, hasta la muerte!

Magdalena frágil de ahora,
rizos de sol, ojos de aurora,

toda éter y literatura,
iniquidad y desventura,
ni alegre, ni dolida,
ni amante, ni querida...

Bilitis

Bilitis, mentira de Bilitis, mentira.
Bella mentira griega, ninfa, mujer y ave.
Carne de amor, y como de amor, suave,
toda rosa de amor que danza y que suspira.

Bilitis, infantina desnuda entre sus velos,
inocente como una paloma enamorada.
Otra mirada azul encuentra su mirada
y se queja de amor y se queja de celos.

No se fijó en el aire fiero ni en dura lanza,
ni en el pecho de hierro, ni en los cortos cabellos.
Los amó desflecados, ondulantes y bellos
y se anudó con ellos su soberbia esperanza.

Amó el quejido leve y la piel suave y fina.
Las carnes de oro y rosa, los labios encendidos.
Quiso la boca dulce y la mano ambarina
y la buscó en los hondos crepúsculos dormidos...

Gustadora dilecta, no quiso la aspereza
y prefirió la boca que canta, besa y reza...
Gozó de los deleites más sutiles y fuertes
y virgen, conservó intacta su belleza
para donarse virgen aun a la misma muerte.

Bilitis, catadora de los raros placeres,
de los raros deliquios, mujer casta y ardiente,
el amor para ti, fue en labios de mujeres
un fuego fatuo, pero todo resplandeciente.

Bilitis, que gustaste de la blandura suma,
de la suma belleza en las cien actitudes,
dame de tus placeres blancos como la espuma
y enséñame la gracia roja de tus virtudes...

«La quiero porque la quiero»

«La quiero porque la quiero
—dijo el que así la quería—
Yo que de su amor me muero,
la quiero porque la quiero...
¡Otros motivos no habría!»

«Como una flecha es vibrante!
—de ello tal vez la querría—
Me gusta el alucinante
vibrar de su fantasía...
¿Por qué no amé flechas antes
si por ello la querría?»

«Es clara como un lucero,
—de ello tal vez la querría—
Y me gusta el altanero
desdén de su bizarría...
¿Por qué antes no amé un lucero
si por ello la querría?»

«Amo sus risas cruentas
—de ello tal vez la querría—
Me gusta, en herir sangrienta,
su risa sin alegría.
¿Por qué no amé risas cruentas
si por ello la querría?»

«Es triste como la pena
—de ello tal vez la querría—

Me gusta su frente llena
de aguda melancolía.
¿Por qué antes no amé la pena
si por ello la querría?»

«Es blanca como la luna,
—de ello tal vez la querría—
¡Me gusta como la luna!
¡No amaba tanto a la luna
cuando a ella no la quería!...»

El erudito

Una sala cuadrada
y un silencio de piedra,
y en los libros oscuros
ciencia...

Tanto libro da miedo,
grandes son o menguados,
pero en todos un hombre
su pensar ha dejado.

¡Cuántas cosas oscuras!
¡Cuántas cosas radiantes!
La razón en instantes,
¡en instantes locuras!

Y un hombre allí en el medio
más pálido que un muerto
con el cerebro en llamas
y el corazón desierto.

Habla bajo su lengua
dentro la boca dura
que ha besado su amante
sin entibiarla nunca.

Una sala cuadrada
y un silencio de piedra...
un corazón que late
su tinta espesa y negra.

La Bella del Bosque durmiente

A mi hermana

Princesas de cuento, princesas,
las más bellas y poderosas,
que como brazada de rosas
llevan su carga de sorpresas.

Las más cintilantes y puras,
pero que, inocentes y audaces,
en inconcebible aventura
se dan en amores tenaces...

Y la de este cuento es princesa
como no la habido mejor,
que nunca en realeza y belleza
más alta princesa hubo amor.

«Una cunita suspendida
entre dos coronas reales,
donde hay una niña dormida
como rosa entre dos rosales.

El paisaje, un quieto y silente
atardecer de primavera.
Para la futura Durmiente,
¿qué otro paisaje mejor fuera?...

El rey está pálido y grave,
el goce le pone severo:

la reina cobija suave
rubor en el rostro hechicero.

Diez hadas madrinas rodean
su gracia en la cuna de plata,
y un suave viento juguetea
en aquel paisaje escarlata.

Las hadas le donan apriesa
belleza, talentos, fortuna
y nunca ninguna princesa
más bienes obtuvo en la cuna.

Claro está que no faltó un hada,
gota de ajenjo en la alegría,
con sus ojos de encrucijada
y su boca negra y vacía.

Y fue una rueca su instrumento...
Nada sin ella sucediera...
¡Nunca en maravilloso cuento
la Bella del Bosque durmiera!

Nunca de su sangre una gota
tiñera nuestra fantasía
inesperadamente rota
en centelleante mediodía.

Nunca, en deshojarse de rosas
en tardes grises y otoñales,
cayeran personas y cosas,
princesas y pavos reales.

Creció maleza y dura espina,
tal que no hay hacha que la hienda
hasta que hasta allí se encamina
el príncipe de la leyenda.

El beso maduró cien años
para hacerse fruta de encanto
y fuerte rompedor de engaños
y blando enjugador de llanto;

tañedor de campanas muertas
y encendedor de sol y luna,
lámpara en las salas desiertas
por el embrujo de la cuna,
oriente en las perlas dormidas
en el seno de la princesa
y sobre todo fuego y vida
en la roja boca que besa.

Latido profundo en el pecho
que a la vida el amor aúna,
mientras se atraviesa en el lecho
un despierto rayo de luna».

Princesa, qué bien que soñamos
para que se aquiete la vida,
para que durmiéndonos vamos,
princesa en el bosque dormida…

Madrigal de mujer

La fortuna te dio su escaso privilegio.
Van sus cadenas áureas a tus manos prendidas
tornándote más bello su extraño sortilegio...
¡Y tu ambición recela que es poco aun, mi vida!

Los honores doblaron en reverencia grave
su multitud de frentes a tu valer rendidas.
Besó tus pies la gloria con su gran beso suave,
¡y tu ambición recela que es poco aun, mi vida!

En tus venas elásticas, la sangre azul circula.
Ni una gota bastarda halló en ellas cabida.
Tu escudo en campo azur el de un infante emula
¡y tu ambición recela que es poco aun, mi vida!

Motivos del hijo pródigo

I

«Te amo más, mi hijo pródigo, que al otro, mi hijo fiel.
Porque me abandonaste te amo más que a él.
Porque me abandonaste sin dolor y te fuiste
sin volver la cabeza al sitio en que naciste;
porque en tu despedida no hubo gesto cobarde
ni humedeció una lágrima tus ojos esa tarde...»

Dejaste el lecho blando que recogió amoroso
tus gentiles fatigas de adolescente hermoso
por la piedra y la paja dura de los caminos.
¡Pájaro en libertad, quisiste ensayar trinos!

«Soy rico sin embargo. Tú también, hijo mío.
Desde niño fue tuyo el cordero mejor
¡y cuántas veces vimos los dos, el escalofrío
de la envidia, en los ojos de tu hermano mayor!»

«Presentía que habías de marchar sin recelo
desdeñando en la mía, ¡la bendición del cielo!
Te fuiste; yo lloré. Nunca lloré, tú sabes:
no se alteró al morir tu madre mi rostro grave,
pero lloré por ti. Nunca te he amado tanto,
como así, desafiando mi cólera y mi llanto.
¡Y hoy vuelves! Dame tus sandalias. Yo quiero
sacudir en mi mano ese polvo ligero
que me enseña caminos que tu planta pisó.
En invierno y verano nieve y sol te esquivó».

II

«Ella trepó contigo por abruptos senderos
y adherida a tu pie flexible y vagabundo,
derrotando el cansancio de tu paso ligero
te acompañó por todos los caminos del mundo».

«No encuentro una palabra de reproche y te miro,
te miro a las pupilas que se han vuelto más grises
de mirar tantos cielos ¡de otros tantos países!
¡Porque no fui contigo, hijo mío, suspiro!»

«¡Que no me odien los siervos que miraron mi llanto!
¡Hijo mío, el mayor, tú que me fuiste fiel,
perdona si no puedo amarte como a él
y perdónalo a él porque yo lo amo tanto!»

«Sacrificad corderos, sacrificad palomas
y alabemos a Dios porque ya lo he encontrado.
A la mujer más bella por mujer suya toma
¡porque ya nunca más huirá de mi lado!»

***

Se matan cien palomas. Se rezan tiernas preces
pero el viejo que llora a su hijo abrazado,
sabe, que al otro día quizás se habrá marchado
sin mirar hacia atrás, como las otras veces.

Marineros

Cuando les veo venir
blancos, erguidos, ligeros,
quisiera ser un momento
la novia de un marinero.

Dulce de verle ha de ser
después de tan largo tiempo
y al abrazarle abrazar
continentes y hemisferios.

Agridulces deben ser
los besos del marinero:
salpicaduras de mar
en los labios abiertos.

Fruto de todos los climas
el amor del marinero,
soleado del mejor sol,
oreado al mejor invierno.

¡Estrechar entre sus brazos
al que dirige los vientos
y cuando quiere, los unce
al carro de su velero!

El sol aclaró su tez
y destiñó sus cabellos.
¡Oh, la delicia de amar
al más rubio marinero!

¡Oh, el sabor a continentes
que ha de haber entre sus besos
y el olor a algas marinas
que ha de poseer su cuerpo!

Amantes de las sirenas
deben ser los marineros,
por eso llevan los ojos
reteñidos de misterio...

Un momento nada más,
tocar sus rubios cabellos,
besar su boca agridulce,
¡ser novia de un marinero!

Juega como los pájaros y el viento

Juega como los pájaros y el viento
y yo, como los pájaros y el viento
le traje a mí cuando me di al amor.
Juega como los pájaros y el viento
porque toda la tierra es su elemento
aunque le cerquen ya muerte y dolor.

¡No podrá defenderlo tu ternura!
Es bello el sol, pero la tierra es dura...
¡Teme al amor! ¡Huye al amor, mujer!
La nube es clara, pero el hombre es fiera
y ¡ay! es mejor que en tus entrañas muera
que bello es ser, pero es mejor no ser.

Berceuse

Me estoy durmiendo poco a poco,
me estoy durmiendo sobre el mar.
Un hierro solo me separa
de su viscosa inmensidad
y yo me duermo poco a poco
con blando y dulce cabecear.
¿Vendrá el naufragio si me duermo?
¿Me tragará dormida el mar?
¿Morderé perlas, algas, conchas
en un futuro despertar?
¿Conversaré con las sirenas?
¿Algún tritón me abrazará?
¿Iré a las fiestas de Neptuno
en un carruaje de coral?...
En la litera pequeñita
mi corazón dormido está.
No más que un hierro me separa
de su viscosa inmensidad.

El muerto cruel

Suena su voz que murió
en mi oído nuevamente.
Para que nunca te olvide
tú retornas de la muerte.
Tocas mi memoria infiel
y te marchas de esta vida.
Muerto de mal corazón,
¡los muertos no resucitan!

Versos de amor

I

Dentro de todo es dulce
vivir como yo vivo
pendiente de tu amor
como un globo cautivo.

Corre el mundo a mis pies,
pero yo no lo siento:
sólo tu amor me agita
como un ligero viento.

Tú de lejos sostienes
tus hilos temblorosos,
yo de lejos te envío
sonrisas y sollozos...

II

Tienes la maldad fría y sutil del veneno,
sabes la muerte lenta que dan los infiernos,
¡y sabes además que por eso te quiero!

Amargas el brebaje que tienes con los,
echas sal en mi pan y en mi goce echas miedo
¡y sazonas el filtro del amor porque muero!

Aprendiste a hacer deseables el infierno,
sabes hacer amable la caricia del fuego
¡y sabes el secreto de hacer mi amor eterno!

Conoces la manera de ceder al deseo
para que sus raíces no perezcan sin riesgo
¡y eternizar el río sediento de mis besos!

III

Tu letra es como tú, firme, ruda, sincera;
tu letra es cruel y mala.
Te amas más en tu letra que no ha temblado nunca
que en la vanidad fría de tu carta.

Te amo, y aborrezco tus cartas y tu letra,
la letra con que escribes tan hondo amor de mi alma.

IV

Copa de cristal pulido
bebo, bebo y no me embriago,
con sabor a corazón
y sabor divino a labios.

Bacante soy de una orgía
deliciosa y no me exalto.
Ruedan abiertas las rosas
sobre mi corpiño intacto
y yo bebo y bebo más
el licor que sabe a labios.

Maravilloso licor
del que ya he bebido tanto
sin que se alteren mis venas,
sin que en mi mente haga estragos.

Centellea, como dos
ojos negros en mi vaso,
prende infinitas antorchas
en mi corazón helado
y arrastra mi pensamiento
hacia caminos fantásticos.

Bebo, y no estoy ebria no.
Muerdo el cristal de mi vaso
y hago trizas los espejos
que miran y estoy mirando.
Me sumerjo en mi licor
como en olas de cobalto
y aunque bebo, no me estalla
roto el cerebro en pedazos...

Disuelvo mi pensamiento,
licor con sabor a labios
y en tus olas de emoción
toda la voluntad deshago.

Centellar de ojos ardientes,
aunque muero, no me embriago,
¡y aunque he disuelto mi vida
en la copa de tu labios!

V

Junto a mi vera un camino,
y aquí tranquilos mis pies
¡y no me llevan consigo!

Me incita a mi lado el mar
y un barco a la vela presto
y no me voy a viajar.

Me consumo deseando,
y tu boca guarnecida
de besos, ¡aquí a mi lado!...

Pero entre mi alma y tu alma
hay una pared muy alta...
¡Tú sabes cómo se llama!

VI

Ya nada más. Miro borrosos
los negros días del pasado.
De tu semblante tan amado
no queda un rasgo tembloroso.

Tu nombre no turba el reposo
de mi corazón fatigado
de haberte tanto y tanto amando
con amor hondo y silencioso.

Libre de fiebre al fin me siento.

Mi corazón libre camina
endeble, pero indiferente,

y es la vida espejo pulido
donde contemplo consumido
mi rostro convaleciente.

VII

Mi corazón acoge al amor sin reserva.
Le acaricia los rizos con blandura inefable
porque le sabe niño, porque le sabe amable
y porque aquella cruel juventud le recuerda...

Mi corazón le acoge con pausa dulce y fría.
Besa sus labios dulces sin temblar, y le deja
jugar con el carcaj y la saeta vieja
apuntando en el blanco de mi alma vacía.

¡Pobre amor! ¡Pobre niño! Mi rencor no te alcanza,
pero no hace surgir la más leve esperanza
el murmullo que siempre derramas en el oído.

Mi corazón repudia tus besos inocentes,
y aunque mis manos buenas te acaricien clementes,
¡ya no eres para mí sino un sueño perdido!

VIII

Te odio. Lo digo con la unción enorme
con que te dije te amo.

Pasaste de un extremo al otro extremo,
sin transición, de un salto.
Ayer no más te amé y hoy te aborrezco
y apenas he cambiado.
Siempre sueño contigo por las noches
con hondo sobresalto.
Siempre y sin darme cuenta, me detengo
muda, ante tu retrato.
Siempre que miro un árbol en las tardes
es que te estoy mirando,
siempre que no respondo a una pregunta
es que en ti me distraigo,
y siempre que se nubla en mi vida
y que quiero morir, estoy pensando
en aquel roce silencioso y último
de tu mano y mi mano...
Todo es igual, pero antes amor era
y ahora es odio en cambio.

IX

Tienes la frialdad horrible de una estatua,
de una estatua de piedra en un jardín dormido.
En vano echo a tu cuello las dos serpientes blancas
de mis dos brazos blancos; ¡nada puedo contigo!

Me tienta el espejismo de tus ojos de acero
y me doblo ante el frío rayo de su mirada.
Si levanto la voz, en sus focos de oro
como un collar de vidrio se quiebran mis palabras.

Pecho de hierro donde se golpean mis puños
hasta sangrar... Te amo, y me muero de anhelo.
¡Yo no soy sino el hilo de un deseo que asciende
de un amor a tus pies como nudo deshecho!

X

En tus ojos profundos
está todo mi mundo.

Allí está mi secreto
en tus ojos sujeto...

Busca en ti y no en mí y hallarás
el por qué nunca hallé, dicha, paz.

XI

Porque me quieres me torturas
y ya eras dueño de mis días
y siempre habrán mis alegrías
de entremezclarse de amarguras.

Porque me quieres, no venturas,
sino dolor, melancolías.
Porque me quieres, nunca mías
la tarde azul, las muchas puras...

Porque me quieres me atormentas.
Porque me quieres, con violentas
y crueles manos, hieres, hieres.

Porque me quieres, va muriendo
presa de vértigo tremendo
mi corazón, ¡porque me quieres!

XII

Cuando es muy dura para mí la vida,
te miro entrar por esa puerta abierta
y es la visión tan nítida y tan cierta
que hago mía otra vez la dicha ida.

Tiembla mi mano de la tuya asida,
se alza de nuevo mi esperanza yerta
y revive en tu amor mi vida muerta
a todos los halagos de la vida...

Otra vez vivo y otra vez me muero
cuando mi boca estrechas con tu cabo
en cruel y pasajera fantasía
para desvanecerte tan ligero,
que despierta otra vez, ¡mi mano toca
la puerta a que no llegas todavía!

XIII

Amor que te niegas, espera aun, espera,
    soy joven todavía.
No cruces a mi lado sin detener el paso,
    ¡soy joven todavía!

Ni una arruga me cruza la frente melancólica
    sin tu caricia fría.
Entre mis manos frágiles tu angustia y tu deseo
    cabrían, sí, cabrían.
Y si acaso las mueves, mi mano aguda y pálida
    sé que se prestaría
a la caricia tímida o a la caricia cruel
    que tú le enseñarías.

Mientras los animaste, en mis pupilas jóvenes
    la dicha sonreía.
No supe de otros goces ni de otro dolor supe
    que el que de ti venía.
Solo de amor lloré, sólo de amor sufrí,
    solo de amor reía.
Tú que mi vida fuiste, nunca pensé, oh ingrato,
    ¡que me abandonarías!

Invéntame torturas, pruébame en mil fatigas,
    todo lo sufriría
porque de nuevo amor, se abrase en tu calor
    esta mi vida fría...
Amor que te me niegas, espera aun, espera,
    ¡espera todavía!

Invitación al viaje

I

Yo cogí para olvidarte
el barco que iba más lejos.
El de las jarcias más recias,
el de velamen más suelto,
el que con más suave andar
era el mejor marinero.
Yo cogí para olvidarte
el barco que iba más lejos.

¡Oh! suavísimo viajar
hacia el ignorado puerto
por carreteras de mar
y neumáticos de viento
mientras voy echando al agua
trocitos de tu recuerdo.
¡Por eso es que cogí el barco
que se marchaba más lejos!

Pasajera silenciosa,
recojo mis pensamientos,
los lavo en agua de mar
y como nuevos los dejo.
Para lavarlos mejor,
cogí el barco que iba lejos...

Y una mañana me ofrecen
en una bandeja el puerto:

azucarillos de casas
y chocolate de negros
que llevan entre sus manos
los más rubios marineros,
que por eso cogí el barco
que se marchaba más lejos.

Hombres pálidos, me deis
amistad y amores nuevos:
palmeras, me echéis al rostro
vuestro hálito de desierto
que para hallaros, cogí
el barco que iba más lejos.

Luna, acércame a los labios
tu blanco disco de hielo
y disuelto en agua fría
vaya a refrescar mi pecho,
que por eso cogí el barco
que se marchaba más lejos.

¡Ya siento sobre mis sienes
el milagro de tus dedos!
No importa que nuevo amor
me dé nuevos sufrimientos...
oh, silencioso viaje,
jarcias y velamen sueltos,
¡por eso he cogido el barco
que se marchaba más lejos!

II

¡Parece pequeño el mundo
cuando se viaja,
como que andamos a grandes zancadas
por sobre el mapa!
Nos enseña geografía
el barco, sobre las aguas.
Un país, otro país
y de pronto el sol se para
clavando sobre nosotros
ojos furiosos de llama...
y las palmeras estiran
largos cuellos de jirafa
para mirarla, devotas
y lánguidas y empinadas.
Cuando viajamos creemos
en el milagro del mapa
y en la línea equinoccial
que peina al mundo en dos bandas.

III

En dos trozos parte el barco
el lienzo azul de la mar.
¡Qué bien que se va en un barco,
qué bien que en barco se va,
hacia la ilusión de un puerto
que no hemos visto jamás!

Como un elefante manso
se deja el mar cabalgar
aunque se ha tragado barcos
y aunque nos puede tragar...

Somos en la noche negra
como una estrellita más
que ha resbalado del cielo
y se ha caído en el mar.

Como un gato orienta el barco
su paso en la oscuridad...
¡y el torreta de la luna
que se olvidó de alumbrar!

El torrero de la luna
ebrio se habrá puesto ya
y las estrellas, sus hijas,
se cansan de guiñear,
de guiñear al torrero
para que suba a alumbrar.

En la noche y sin torrero
el barco impasible va
esquivando nuestros cuerpos
a la codicia del mar.

Solos a merced de Dios...
qué bien que en barco se va,
con un puerto hacia nosotros
y un puerto que queda atrás...

En las manos de la muerte,
sobre el asombro del mar,
héroes de la inconsciencia,
¡qué bien que en barco se va!

IV

Ya se acostumbra mi pie
al suelo inestable y frío.
Hace veinte días ya
que sobre un barco camino
y el viaje no me depara
sino lo mismo, lo mismo.

Ya maldigo de este viaje,
¿en dónde está lo imprevisto?
¿qué se me da a mí de puertos
iguales, aunque distintos?
¿qué se me da a mí de gentes
nuevas, y todas lo mismo?

El cielo está siempre azul,
el mar está siempre limpio,
en el espejo de siempre
parecido rostro miro.
Siempre el corazón latiendo
y siempre el mismo latido...

Pero al fin me dio ventura
la voz de un desconocido.
Una mirada no más

y yo suya, y él ya mío.
Nunca nos dijimos nada
de lo que los dos queríamos,
pero me pareció el mar
de un claro azul más distinto.
El cielo era como nuevo
y el barco como no visto
y en el espejo de siempre
era mi rostro distinto.

Ya puedo viajar cien años
porque encontré lo imprevisto:
no fue sino la mirada
azul, de un desconocido.

V

Luna del trópico, ancha y derretida como la mantequilla en verano. Cielo azul sin nubes, con reminiscencias de sol, aun a media noche. Palmeras del trópico, delgadas como una mujer joven: senos pequeños y caderas lisas como una adolescente. De noche alzáis en alto vuestras cabelleras verdes y flotantes, empinándoos en la punta de los pies, y al borde de las playas estrechas y lisas, parecéis grandes sirenas encantadas.

Desnuda bajo mis sedas chinas, se adormece mi cuerpo sobre el puente, se adormece de laxitud, y mis deseos despiertan inquietos.

Alrededor de mis senos y de mi vientre, entre mis muslos lisos y pegados, circula una larga serpiente cuya caricia atroz y dulce, me produce escalofríos hondos. A momentos aletea su hocico como una mariposa sobre mis labios apretados. Me rodea los brazos para inmovilizarlos, y con su lengua fina, lame mis pezones erectos en busca de leche. Por entre mis rodillas ceñidas continúa circulando, leve como un soplo, y sensible como una caricia inteligente.

La luna simula el ojo dilatado y blanco de un moribundo. El mar, un mar que es una sombra, respira con blandura...

VI

Redonda y blanca la luna
tiende su puente imposible
por entre la noche oscura.

Nadie se lanza por él.
Ya no somos los románticos
adolescentes de ayer.

La luna nos hace señas
con su foco de luz fija:
ya no creemos en ella.

Se agotó la fantasía.
Ya no le contamos nada,
ya no es nuestra luna amiga.

Llevamos amores dentro,

pero la luna no sabe:
nos hemos vuelto discretos.
Aprovechando del ocio
de nuestras noches de mar,
quiere volver por nosotros.

Mentiroso disco blanco,
ya no creemos en ti:
crecimos ya demasiado.

Riela la luna en el cielo
y con trémulos de luz
nos tiende puentes de ensueño.

Viaje que nos vuelve niños
románticos... ¡Ya miramos
a la luna con cariño!

Si el viaje se prolongara,
nos cogería la luna
entre sus mallas de plata.

VII

No mira nunca atrás el emigrante,
siempre mira adelante...
Volvió la espalda a todo lo que amó...
No mira atrás, a su dolor.
Con la pipa apuntada en la boca
parece una gran piedra, una roca
que renunciara a todo movimiento

y a todo sentimiento.
Él va solo en el barco a descubrir su América,
—la fortuna feérica—
Es un héroe todo el de la aventura
y la revolución en sus ojos fulgura.
Él nunca más verá este mismo paisaje,
él es el verdadero héroe de este viaje
que nosotros hacemos en costoso pasaje
ligeros y románticos, de vuelta a nuestro hogar.
¡Él se arrojó de bruces en brazos del azar!
Marcha a una tierra esquiva donde nadie le espera,
donde no llorarán por él, si se muriera...
No mira nunca atrás el emigrante,
siempre mira adelante.

VIII

Todos vienen, París, a ti
Yo, como tantos, he venido.
Mira que mucho han ofrecido
lo mismo que a otros, ¡a mí!

Ya tu piedra negra sentí
debajo mi pie conmovido,
¡oh, cómo temo haber venido
también inútilmente aquí!

Cruzo tus calles, pensativa.
El Sena mis ojos esquiva
como una viscosa alimaña
y la torre Eiffel a mi lado,

en alto el brazo deslumbrado
es una copa de champaña.

IX

Doce días de andar el barco
para arribar al puerto.
Como un animal fatigado
se arrima al malecón desierto
y respira (roncos pitazos)
arrojando, humo negro, el aliento.

¡Pobre barco! bestia cansada,
sobre su lomo me paseo
acariciando suavemente
su crin de maderas y hierro.

El puerto se ha inmutado apenas,
está tan habituado el puerto
al acezar desfallecido
de los grandes camellos del océano.

Sudan chorros de agua sus ijares
y compadecidos los negros
desfilan, entrando en su vientre
por cientos,
llevándole cestas cargadas
de obscuras frutas, carbón, su alimento.
De lejos, es un edén verde y oro
la estampa luminosa del puerto.
Llegan barcos de sitios próximos

con menos jadeo en el pecho,
África blanquea las casas
y dora y endulza los techos.
¡Indios, negros, blancos, y la inquieta
curiosidad del extranjero!

Desde el corazón de las calles
miramos el mar con recelo
y apegado a los muelles, cansado,
nuestro bondadoso camello
ahíto de carbón, se duerme
con los ijares secos.
Mañana de alba, descansado,
estará en movimiento
hacia un puerto mejor, hacia el puerto
donde está fijo nuestro ensueño
y donde dejaremos, ingratos
a la bestia de jarcia y hierro
sin volver los ojos a ella
¡ni dedicarle ni un recuerdo!

X

A Colón lo ha inventado Picasso.
Es un cuadro en el suelo.
Para mirarlo bien, dan ganas de pararlo.
¡Oh, museo excesivamente calefaccionado!
¡Negros de Colón, qué zambos,
qué feos, y qué bien pintados!
¡Negros de Colón, bajo un cielo azul
y sobre un suelo blanco!

El mar, de tanto hervir, vive apenas
y está pálido y manso.
Lame las playas sin rumor
y deja los peñascos intactos
sin ese alarde de furor y arena
que deja en otros sitios su abrazo huracanado.
Amores de Colón. Amores
de negros y blancos.
En el ambiente hay olor a amor salvaje
como en París, olor a amor civilizado.
Mercaderes de las Mil y una noches
que enseñan a los ojos asombrados
las sederías estupendas
de los antiguos califatos.
Y el Canal de Panamá
y los marineros rubios y blancos...
Colón es un lienzo en el suelo
firmado por Picasso.

XI

Sobre su superficie lisa
(no tiene más que una meseta)
un vientecillo se desliza:
abanico de una coqueta.

Abanico dulce que agita
el vientecillo perfumado,
por tantas manos manejado,
que el ardor del verano evita.

Sueña tranquilo el español.
Ningún imposible desea
como no le quiten el sol...
un sol de brasas que caldea.
Maneja blondas la española
sobre la cabellera ardiente.
La peineta es sobre su frente
como una pagana aureola.
Hay sitio para don Quijote
que pasea de extremo a extremo
a la zaga de Sancho el memo
conversando con Lanzarote.

Cristo preside en toda cosa
siempre coronado de espinas...
(¡coronémosle al fin de rosas
y arranquémosle las espinas!)

La Virgen toda engalanada
los amores castos preside
celestial y desdibujada...

Procesiones funambulescas
cruzan graves en los entierros
por que se perdonen los yerros
al que yacerá en tierra fresca.

Mientras que sádicos empañan
abajo la arena del ruedo,
donde el caballo heroico y quedo
se deja vaciar las entrañas.

¡España torera y sensible!
Única tú, rincón romántico
del romanticismo imposible...
¡perdona lo burdo del cántico!
Lo balbuceo enamorada
de ti, mi España, España mía,
¡saeta de melancolía
que llevo en el pecho clavada!

Interior

I

Tengo dos hijos, y tengo
un muñeco.
Todavía juego yo, todavía
también juego.
¿Juego? No, jugar es risa
y alegría y movimiento.
Con el muñeco en los brazos
me siento.
Tiene los ojos rasgados y tristes.
Es un muñeco
de comisuras caídas
y como yo
joven, viejo.

Mira de soslayo, y...
¿pensará mucho el muñeco?
Su carne de trapo palpo
y a veces le doy un beso
muy leve, sobre la frente
que no siente y que yo siento.

Mira la vida sentado
con amargura y despecho.
Su mundo es mi corazón.
¿Qué verá el muñeco dentro?

II

Hoy vi reír a una chiquilla.
¡Qué dientes claros! ¡Qué luz clara
sobre su simpática cara,
sobre su dorada mejilla!

Mi ojo pálido y penetrante
la miró todo deslumbrado,
¿pero es que también reí antes
en un nebuloso pasado?

¿Y fue así tan fresca mi risa?
¿Mis ojos así centellearon?
¿Tales relámpagos brotaron
estos montones de ceniza?...

Y hoy vi llorar. No es cosa rara
risa y llanto en un mismo día.
Joven era la que reía
como joven la que llorara.

¡Oh, desconsuelo juvenil!
¡Oh, ingenuidad desesperada!
¡Qué honda amargura reflejada
en aquel semblante pueril!

Y también antes he llorado.
¡Dichosos tiempos! Hoy que vivo
atenta al corazón cautivo
tan hoscamente reservado,

no sé llorar. Ya no me bebo
la sal del llanto con los labios.
Ya no disuelve mis agravios
en un licor que ya no pruebo.

Rostro de esfinge y de ceniza.
Espejo gris del desencanto
sin el claro sol de la risa,
sin la lluvia clara del llanto.

III

Esta noche, Noel, llegas cargado
con el bolso que tienes de quimeras.
No pases junto a mí, como quien pasa
frente al que nada espera.

Lo aguardo todo de tu fantasía,
tu prodigalidad es infinita.
Aun al más ambicioso satisfaces
por mucho que te pida.

Si te piden riquezas, tú las traes
de la alforja prendidas,
y encontró gloria el que te pidió gloria
y encontró amor aquel que amor pedía.

Sé de un dichoso que pidió dolores
y también se los diste.
Tus frutos son como los de la vida,
vario el color y varios los matices.

Quiero pedir con fe, como te piden,
los niños que te piden,
pero dame la fe, ¡para pedirte
lo que voy a pedirte!

Si me lo das, me salvo, si lo niegas...
si lo niegas me pierdo,
¡porque es tan poco y a la vez tanto!
Noel, quiero un deseo...

IV

Estamos más cerca, avancemos.
No huyamos su contacto frío
ni por rehuirle clamemos:
son suyos tu cuerpo y el mío.

Tu mano deshecha en la mía
apoye su rara entereza.
Busquemos la fría belleza
que ofrece la Selva Sombría.

No aferremos con mano inquieta
sobre nuestros hombros desnudos
la capa de vida sujeta
¡con los más vacilantes nudos!

Aderecemos la sonrisa.
No haya crispaduras el miedo...
Por no interrumpir, vamos quedo,
¡vamos sobre todo de prisa!
Un paso más, y ya seremos

o no seremos, mejor, nada.
La vida otra vez abarquemos
y dame la última mirada.

Quizás los caminos inciertos,
la eterna noche, el gran mutismo
la selva obscura y el abismo,
la quietud del eterno puerto,

son dulces. ¡Vamos! Fiesta breve...
¿No era una fiesta al fin la vida?
¿No era hermoso el blanco en la nieve
de aquella montaña dormida?...

Casino

Su palidez esparce la bola diminuta
por entre el apretado grupo de jugadores.
Nunca tuvo virtud tantos admiradores,
ni logró más amantes ninguna prostituta.

La hembra de marfil sigue corriendo, ciega,
y su rumor parece risa hueca y cascada.
Lleva el diablo en el cuerpo la hembra descocada
que se ha ofrecido a todos y a ninguno se entrega.

Las mujeres le ofrecen amor lesbio, temblando...
El demonio del ansia su cuerpo fustigando
la hace correr sin pausa sobre su propia huella.

Y cuando al fin, ahíta de deseos se para,
se escucha en la tiniebla la mano que dispara
del hombre o la mujer que se mató por ella.

Balada a don Juan

Cómo evoco tu recuerdo, don Juan
esta noche 1928.
Miro feas calvas, y recuerdo tus rizos y tus plumas,
veo tiesos *smokings* y recuerdo tus trajes de terciopelo
y tus adorables puños de encaje...
Oh, don Juan, y pensar que no puedo volver a verte
porque al morir tuviste miedo
¡y te encerró el cielo en sus altas rejas inapelables!
Oh, don Juan, tener miedo tú,
tú que hacías saltar la sangre con la punta de tu espada
¡como quien descorcha botellas de champán!
Tener miedo a un poco de fuego y de ceniza
¡y no tenerlo al hastió del cielo!
Cómo se conoce, don Juan, que en esta vida
no te aburriste nunca,
y cómo me parece ahora verte
de la mano de doña Inés
—matrimonio que dura cuatro siglos—
en medio de muchos ángeles sentado.
En el hastío celestial, tus ojos habrán perdido el brillo
y tu mano firme se habrá puesto pálida y gorda.
Oh, don Juan, tu cobardía de un minuto
nos privó de ti para siempre.
Ahora los hombres odian a don Juan
y pasan cerca de las mujeres que también les odian
dejando apenas su recuerdo
como el roció de un perro en una puerta.
Tú tenías las miradas centelleantes,
pero no tanto como las monedas de oro

que arrojabas con esplendidez.
Nunca te manchó las manos el trabajo
ni su preocupación la imaginación.
Había esclavos entonces, don Juan,
para que tú fueras dichoso,
durmieras en el día,
y escalaras tejados por la noche
como romántico gato del mes de agosto.
Elixir en contra del hastío
poesías, don Juan,
y lo disipabas con tu sombra
hasta de dentro de los conventos.
Tu negra capa ensombrecía más la noche
y velaba el sol en el día
cuando te hacía falta.
Pero los hombres quisieron suprimir los esclavos,
y para ser todos señores,
se convirtieron todos en esclavos.
Hoy, pagan el champán temerosos
con billetes feos y opacos
como sus ojos cansados de oficinas.
Huyen de la mujer
que todavía no paga sus gastos.
¡Tan libre tú, don Juan, en cambio
sin la maldición del trabajo!
Tu belleza y tu oro
seducían a las mujeres por igual!,
que oro sin belleza no es bello,
pero tampoco es bella la belleza sin oro.
Valiente caballero
que creías en otra vida

y no temías por ello a la muerte.
Oh, cómo te evoco en esta noche de gesta
entre tanto hombre de *smoking*
esclavo del día de mañana...
Todos pobres, hasta los ricos
¡y los pobres más pobres que nunca!
¡Y haberte marchado tú al cielo, don Juan,
y haberte dejado la espada a la puerta
y tu jubón de terciopelo y tu pluma adorable
para vestir túnica y alas
como un moscardón de mal gusto!
Y no poder salir ya nunca
de la celestial oficina
donde tienes que escuchar las conferencias de los ángeles
y beber ambrosia...
—ley seca, como en Nueva York—
y quizás vestirte de *smoking*
para las ceremonias oficiales...
¡Oh don Juan, maravilloso don Juan,
haberte perdido para siempre!

Una balada de Goethe

—¡Entra, viejo! y en este gran salón silencioso
nos contarás el cuento que sepas, más hermoso.
Mi madre recogida está orando en su altar.
Mi padre el sanguinario lobo fuese a cazar.

Cántanos tu canción, cántala muchas veces.
Si la aprendemos, te pagaremos con creces.
Hace tiempo que habíamos de un bardo menester
para los niños es el oírlo un placer—.

«En una noche horrible, en la desolación
de un brusco asalto, noble y rica mansión
deja el conde, y también los tesoros que encierra.

Por los oscuros campos abandonados yerra.
Mas, algo lleva en su fuga precipitada
que envuelve estrechamente en su capa encarnada.
Es la pequeña niña a quien ha dado el ser».
Para los niños es el oírle un placer.

«Despunta el breve día. El bosque y el poblado
asilo a los errantes fugitivos ha dado.
Él mendiga por tiempos infinitos. Su barba
es de más en más blanca y de más en más larga.
En sus brazos creció gentil la criatura
como bajo la influencia de un signo de ventura.
Bajo el manto, al abrigo del viento y de la lluvia,
más blanca es cada vez y cada vez más rubia.
No ha vuelto a ver el cielo que la viera nacer».

Para los niños es el oírle un placer.

«Los años que caminan, descoloran el manto
que se cae a pedazos y que ha servido tanto.
Emocionado el padre contempla su belleza.
Feliz retoño de tan preclara nobleza,
y aunque anciano y mendigo, es más feliz ahora
porque la hermosa niña que él adora, le adora.
Solo por ella añora el esplendor de ayer».
Para los niños es el oírle un placer.

«Pasa a caballo un príncipe. Ella tiende la mano
para pedir la ofrenda que nunca pidió en vano,
pero él, en vez de dar la limosna pedida
coge su mano y dice: —«Dámela por la vida».
—«Es una maravilla de nobleza y belleza
—dice el viejo—, bien puedes convertirla en princesa.
Te casarás con ella antes de anochecer».
Para los niños es el oírle un placer.

«Un cura los bendice dentro la iglesia vieja.
Ella con gran placer y disgusto se aleja:
es feliz por el príncipe que camina a su lado
e infeliz por el padre que dejó abandonado.
Mientras, el viejo bardo que cantando camina
da placer con la pena que amarga le domina...
Yo también he soñado con ella años enteros,
con la que fue conmigo por todos los senderos...
Y en la amargura errante de mis días inquietos
en la dulce emoción de besar a mis nietos
que bendigo en la noche y en el amanecer...»

Para los niños es el oírle un placer.

Los bendice. De pronto, cruje la puerta afuera.
Es el padre que torna de matar a la fiera
y aunque corren los niños a besarle la mano
no logran eludir de su vista al anciano.
—¿En turbar con tu canto mentiroso te place
a estos niños, mendigo? Viejo loco, ¿qué haces?
Apoderaos de él por temerario, arquero,
y a la cueva más lóbrega, ¡llevadle prisionero!—
La madre de rodillas sus súplicas murmura
para ablandar al príncipe que ha el ánima tan dura,
y es deleitosa música su ruego de mujer.
Para los niños es el oírle un placer.

Mas, como los arqueros no osan llegar al viejo
se acrecienta la cólera del príncipe perplejo.
Los fuegos insistentes van su rabia acreciendo
y estalla al fin de súbito, el silencio rompiendo:
«¡Villana miserable que ha de mendigos raza,
eclípsate del real amparo de mi casa!
Me arrastró tu belleza a desigual coyunda
y a mi ruina por tanto, ¡plebeya vagabunda!»
Los niños se han echado a llorar sin querer
ellos, que antes oyeran la historia con placer.

Mas, el viejo le escucha con frente levantada,
altivos, ceño y gesto, serena la mirada.
Los arqueros deponen sus armas silenciosos
y se escuchan afuera del viento los sollozos.
«Desde siempre he mi dicha conyugal maldecido.

¡He aquí los frutos que ella me había prometido!
No se aprende nobleza, y bien dice quien diga
¡que raza de mendigos me ha dado la mendiga!»
Los niños se han secado los ojos para ver
a su abuelo en el bardo, y no pueden creer...

—«Si el padre, si el esposo os echa de sus brazos
y rompe con vosotros los más sagrados lazos,
no lloréis tal infamia y veniros conmigo
que, quién sabe si puedo, miserable y mendigo,
y así débil y anciano, y así desposeído,
tornaros a la ilustre senda en que habéis nacido.
Este castillo es mío. Por tu maldita raza
me encontré sin dominios y mi hija sin casa.
Tengo prestos mis títulos y me podéis creer»—
Para los niños es el oírle un placer.

—Un rey piadoso y justo los derechos me ha dado
para recuperar el bien que me has quitado.
Soy pues el amo, pero depongo mis enojos...»—
Y agregó con la calma y el amor en los ojos:
—«La ley que yo os anuncio, será ley de dulzura.
Levántate, hijo mío, que tu estrella fulgura.

No para ti, mendiga, mendigos ha engendrado.
Princesa, solo sangre de príncipes te ha dado.
Tómala que es un príncipe quien hoy te da mujer»...—
Para los niños era el oírle un placer.

ÍNDICE

Este libro se terminó de editar en Granada
en abril de 2024 por

www.aversopoesia.com
hola@aversopoesia.com